www.united-pc.eu

Susanne Safer

Ich hol mir mein Leben zurück - Stück für Stück

Titelfoto:
manfredbaumann.com graphisch bearbeitet von United PC Verlag

Inhaltsverzeichnis

Vorwort

Liebe Leserin! Lieber Leser!

Schön, dass ihr hierher bzw. hierher zurückgefunden habt! Für alle, die mein erstes Buch „Ich gebe nicht auf" nicht gelesen haben, sei hier das Wichtigste in Kürze zusammengefasst:

Am 8.8.2014 ist nachts im Schlaf in meiner rechten Gehirnhälfte ein Aneurysma geplatzt, hat eine schwere Gehirnblutung verursacht und mich direkt für ca. zweieinhalb Monate ins Koma befördert. Ich ging also gesund eines Abends schlafen, erwachte allerdings erst nach vielen Wochen in einem Kranken-zimmer und konnte zunächst weder schlucken noch sprechen noch mich umdrehen - ein Schock wie ihr bestimmt nachvollziehen könnt. In weiterer Folge stellten die Ärzte eine Halbseitenlähmung linksseitig bei mir fest. Es begann bereits da ein Kampf zurück ins Leben, der genau genommen bis heute andauert, da ich seither im Rollstuhl sitze. Zunächst war ich so glücklich als mir nach einer Ewigkeit gesagt wurde, dass ich endlich nach Hause zu meinen drei Männern (zu meinen beiden Söhnen und meinem Mann) darf. Es war ein Gefühl wie Weihnachten, Ostern, Geburtstag alles zusammen. Ich war richtig selig! Allerdings zeigte sich schnell, dass mein Mann mit dieser neuen Situation und mir, der neuen und behinderten Susi, nicht mehr umgehen konnte. Nicht jeder Mensch ist in der Lage zu verkraften, dass sein Partner plötzlich zum Pflegefall wird und den anderen fürsorglich zu pflegen. Leider! Ich habe oft darüber nachgedacht, ob ich es im umgekehrten Fall geschafft hätte … aber in Wahrheit kann das wahrscheinlich niemand beurteilen, der nicht selbst in dieser Situation ist oder war! Nach einem echt schlimmen Jahr, in dem auch mein erstes Buch entstand, fand meine Ehe nach 15 Jahren im März 2016 ein trauriges Ende!

Jedoch ist jedes Ende auch immer ein Anfang und obwohl ich damals wahnsinnig verzweifelt war, zog ich erstmal zu meiner Mama nach Wien. Ich überließ unser Haus, in dem ich aufgrund der Stiegen nicht mehr zurechtkommen konnte, in dem Wissen, dass ich wieder in die Ortschaft zurückkehre, meinem Mann und bat ihn so gut er konnte für unsere beiden Söhne zu sorgen, damit sie in ihrem Zuhause bleiben konnten. Obwohl es mir das Herz dabei zerriss, spürte ich in mir auch einen unbändigen Überlebenswillen. Ich wollte zurück ins Leben, all meine Träume noch verwirklichen. … Der Bürgermeister meiner Ortschaft hatte mir damals bereits eine der Wohnungen versprochen, die im Dorf bald neu gebaut werden sollten **(an dieser Stelle ein großes Dankeschön an dich lieber Markus K.)** und so verließ ich mit diesem Wissen mein Zuhause und meine Familie. Das war der schlimmste Tag meines Lebens, denn ich hatte das Gefühl meine Jungs im Stich zu lassen. … Ich kann nur hoffen, dass meine Söhne irgendwann verstehen werden, dass ich nur zu ihrem Wohl damals unser Haus verließ - damit die ewigen Streitereien und die Schreierei endlich aufhörten!

Jedoch sollte genau diese Veränderung den Wendepunkt in meinem Leben bringen! Bei meiner Mama hatte ich dann plötzlich die nötige Unterstützung bei meinem täglichen Training, bei all den Dingen im täglichen Leben und konnte so Schritt für Schritt kräftiger und selbständiger werden und immer wieder auch dank meiner Therapien kleine Fortschritte verbuchen (ich hatte je einmal pro Woche Physiotherapie, Ergotherapie und meine selbst auferlegte - nur Dank meiner Mama mögliche - Schwimmtherapie und ich hatte und habe wirklich die weltbesten Therapeutinnen **Daniela H. und Ellen S.. Ihr seid einfach unglaublich!!!** Vielen Dank für alles! Und auch meinen Jungs schien es tatsächlich ab diesem Zeitpunkt besser zu gehen. Es gab keine Streitereien mehr zwischen Mama und Papa und wenn sie jede zweite Woche am Mama-Wochenende zu Besuch kamen, erlebten sie nun eine Mama, die wieder fröhlich war, ihr Lachen wiedergefunden hatte und die immer wieder kleine Fortschritte machte, etwas mit ihnen unternahm. ...

Noch etwas sollte sich in dieser Zeit verändern: mein Aussehen. Ich hatte durch die Astronautenkost und die Bewegungslosigkeit im Koma explosionsartig zugenommen und so startete ich im September 2016 „Abnehmen durch Hypnose" bei Harald T. in Wien und bekam dadurch 30 Kilo runter! Es war derart faszinierend für mich, dass in mir der Wunsch aufkam die Kunst der Hypnose selbst zu erlernen! Dazu später mehr ...

Ich absolvierte also täglich ein straffes Übungsprogramm inklusive Radfahren am Motomed (ein Radtrainer für Rollstuhlfahrer), Bauchmuskelübungen, Arm und Handübungen, Steh- und Gehtraining und Gedächtnistraining, um mein zerstörtes Kurzzeitgedächtnis wiederaufzubauen. Dazu eben einmal pro

Woche Physiotherapie, Ergotherapie und Schwimm-training, das ich nach und nach bis auf ca. 360 m schwimmen steigerte.

Was wesentlich schwieriger war als dieses straffe Trainingsprogramm durchzuziehen, war die Tatsache mit meinem „Beinahetod" fertig zu werden. Ich be-gann in dieser Zeit meinen Lebensretter Hr. Dr. Franz M. jedes Jahr zu meinem zweiten Geburtstag im Landesklinikum St. Pölten zu besuchen, um einfach Dankeschön zu sagen für ein weiteres Lebensjahr und um von meinen Fortschritten im vergangenen Jahr zu berichten. Was als einmalige Aktion aus dem Bedürfnis heraus Danke zu sagen gedacht war, wurde eine Tradition, die bis heute Bestand hat! ☺ Diese jährlichen Treffen sind für uns beide immer sehr bewegend, wie mir Dr. M. ein paar Jahre später mal gestand - ist es doch das Los eines Neurochirurgen, dass seine Patienten oft ein Leben lang ein Pflegefall bleiben oder ihm gar unter den Händen wegsterben. … Zu erfahren, wie knapp es damals wirklich war, die Aufnahmen meines Schädels mit der riesigen Blutung aus der Nacht damals zu sehen, war echt schlimm für mich und wie groß die Verunsicherung in mir tatsäch-lich war, zeigte sich bei einem Vorfall im August 2017, kurz nach meinem Geburtstag. Ich erwachte in der Früh und wollte aufs Klo, setzte mich auf und fiel sofort zur anderen Seite hin um wie ein Stein. Es war echt ein Wahnsinn, ich konnte meinen Oberkörper nicht aufrecht halten! In voller Panik rief ich nach meiner Mutter - auch sie schreckte sich natürlich sehr, versuchte mir beim Sitzen zu helfen, aber ich fiel immer wieder um. Mit der Rettung ging es auf-grund meiner Vorgeschichte im Eiltempo ins AKH

Wien wo ich nach einigen Stunden Wartezeit und Untersuchungen endlich die erlösende Diagnose "Ausfall des Vestibularisnerv" bekam. Ich hatte also nicht nochmal eine Gehirnblutung ... puh. ... Ich musste eine Nacht dortbleiben, bekam Cortison, der Nerv beruhigte sich und am nächsten Tag wurde ich mit Cortisontabletten für weitere zehn Tage wieder entlassen.

Was für ein Schreck!!!

Womit ich neben einem Gefühl der Traurigkeit noch sehr zu kämpfen hatte war mein zerstörtes Selbstbewusstsein. Wenn dir ein geliebter Mensch, dein Partner, schlimme Dinge sagt, dann verletzt dich das zutiefst und deshalb steckten auch die Worte „ekelig" und „grauslich" tief in meiner Seele fest! Und so überlegte ich schon eine Psychotherapie zu machen als ich zufällig eines Abends auf Facebook die Annonce von Manfred Baumann fand in der er zu einem „BE A STAR" Fotoshooting mit ihm einlud. ...

„Was wäre das Leben, wenn wir nicht den Mut hätten, uns aus dem Abgrund zurück zu kämpfen...."

1. In die Welt der Stars schnuppern

Schwupps und schon war ich dort angemeldet, sollte man doch dort sein persönliches Starfoto vom Starfotografen bekommen. ... Ich wollte mich selbst einfach nur einmal wieder „hübsch" empfinden. Und was soll ich sagen. Ich war sehr aufgeregt vor dem Termin, man trifft ja schließlich nicht jeden Tag solche Stars ... meine Tante fuhr mit mir zu dem geheimen Treffpunkt, den ich selbst erst kurz vorher per Mail erfahren hatte und dort standen wir ganz unvermittelt dem Promipaar Manfred und Nelly Baumann hautnah gegenüber. Von der ersten Sekunde an schafften sie es mir eine Wohlfühlsituation zu vermitteln. Die beiden sind derart reizend und natürlich geblieben - unkompliziert wie die Nachbarn von nebenan, einfach sensationell. Und sie waren Balsam für meine geschundene Seele! Von den beiden zu hören was ich für tolle Augen hab und dass mein Mund schön ist - das war die beste Medizin für mich! Ich meine schließlich arbeiten sie mit den bekanntesten Topmodells der Welt und haben echt Ahnung von Schönheit und Ausstrahlung! Die beiden schafften es durch ihre liebenswürdige Art und Weise mit mir umzugehen, mein zerstörtes Selbstbewusstsein und meine Seele, die so sehr gelitten hatte, wiederaufzubauen. Seit damals fühle ich mich den beiden sehr verbunden und empfehle dieses Shooting jeder Frau in meinem Freundeskreis, weil es so einzigartig ist und echt guttut! Meiner Mama habe ich es sogar später zu ihrem 70. Geburtstag geschenkt und auch sie war restlos begeistert.

Jedenfalls bekam ich ein echtes Star-Foto von mir selbst mit einem Make-up von Starvisagistin Nelly und fotografiert von Starfotograf Manfred. Dieses Foto hängt gemeinsam mit zwei anderen seit damals in meinem Wohnzimmer und sie erinnern mich jeden einzelnen Tag daran, dass ich noch immer - auch trotz meiner Behinderung - eine hübsche und strahlende Frau bin!

Seither bin ich immer wieder mal zu einem Event der beiden eingeladen (z.B. die Mustang-Ausstellung, die Präsentation vom Bildband „Vienna") und ich freue mich immer ganz wahnsinnig die beiden wieder zu sehen, kurz zu plaudern und mich erneut bei ihnen zu bedanken!

Vielen lieben Dank Manfred und Nelly Baumann, dass ihr mir mein Selbstwertgefühl wieder zurückgegeben habt!

> „Deine Schönheit beginnt in dem Moment, in dem du beschließt, du selbst zu sein!"

2. Am roten Teppich

Es war im März 2017 als eine Freundin mich auf Facebook anschrieb und nur meinte: "Susanne Safer, dort musst du hin, die suchen Rollstuhlfahrer!" Gell, liebe Monika B.? Ohne das genauer durchzulesen, fuhr ich mit meiner Tante, da wir sowieso unterwegs waren, einfach dorthin und wir landeten tatsächlich mitten in einem Casting für die Mitternachtsmodenschau am „10. Diversity Ball" im Kursalon, Wien. Wir bekamen gleich beim Eingang eine Nummer, wurden gebeten zu warten und wurden dann in Zehnergruppen in einen separaten Saal gerufen. Dort erklärte ein ziemlich schräger Mann (erst später erfuhr ich, dass es der Modelscout Mario Antonio Soldo war), dass wir nun alle quer durch den Raum auf ihn zugehen bzw. die Rollstuhlfahrer auf ihn zugeschoben werden sollten. Und da wurde beinhart ausgesiebt und nach Hause geschickt! Und plötzlich waren wir dran, meine Tante schob mich auf ihn zu und plötzlich hörte ich: "Ok Susanne, Eva ihr seid fix in der Show!" Wie? Was? Echt jetzt? Ja liebe Monika B, da hattest du mir was eingebrockt. ... 😊 Mitte April ging es dann zum Fitting und ab da war ich dann so richtig nervös, denn dort erfuhr ich, während ich in ein weißes Tüll-Ungetüm gesteckt wurde, dass ich die Braut am Ende der Modenschau sein sollte - also quasi der Höhepunkt der Show!!! Meine Tante wurde als mein Bräutigam gestylt, es war wirklich zum Schreien! Die Zeit verging uns viel zu schnell und schon war der 29.4.2017 und damit der „10. Diversity Ball" da. Um 22 Uhr mussten wir dort sein zum Styling, wurden noch geschminkt und angezogen ganz nach dem Wunsch von Modelscout Mario. Es war unglaublich welche Aufregung da in dem Extrazelt, das für uns aufgebaut worden war, herrschte. Die Info, dass 2500 Gäste anwesend sind machte die Aufregung nicht kleiner - im Gegenteil. Und schon mussten wir uns in einer Reihe in der richtigen Reihenfolge aufstellen. Und dann war er schon da, der große Moment, den ich nie in meinem Leben vergessen werde! Der Moment als der Vorhang zur Seite gezogen wurde und ich vor mir kurz eine Art Weg sah, links und rechts eingefasst von 2500 Gesichtern, die mich alle anlächelten. Dann brach ein Blitzlichtgewitter aus, wie ich es nur aus Filmen kannte, immer wieder hörte ich: "die Braut, schau die Braut, wow" und die Leute zeigten mir ein „Daumen hoch". Es war ein sensationeller Moment - wie in einem Rausch - und sehr heilsam denn ich konnte fühlen wie genau dort im grellen Licht der Scheinwerfer der letzte Rest von dem „ekelig", den ich durch meinen Exmann noch in mir trug sich auflöste, sich verabschiedete, davonflog ins grelle Scheinwerferlicht! Was für eine Befreiung! Viel zu schnell ging unser Auftritt vorüber, aber ich werde diesen Moment für immer in mir tragen, solange ich lebe!

„Nur wer von innen strahlt, kann auch im Rampenlicht leuchten."

3. Der Höhenflug

Es war im Jänner 2017 als ich im Internet nach einer Partnervermittlungsseite suchte, die kostenlos war, fündig wurde und begann da und dort mal mit jemandem zu chatten. ... Allein darüber könnte ich wahrscheinlich ein eigenes Buch schreiben, was man da so erlebt, ein Wahnsinn, teilweise echt abartig. Aber ich hatte auch dreimal das ganz besondere Glück ganz großartige Männer kennenzulernen!

Ralf, ein entzückender Deutscher, der in Wien lebte und der mir zum ersten Mal nach meiner schlimmen Erkrankung gleich beim ersten Treffen das Gefühl gab noch immer eine attraktive Frau zu sein indem er mich einfach küsste. Und wie. ... ☺ Mich endlich wieder wie eine Frau fühlen zu dürfen und nicht wie eine Patientin, das war echt genial! Leider ist dieser großartige Mann Anfang 2019 nach kurzer, schwerer Erkrankung verstorben! RIP Ralf!

Dann war da Klaus, ein wahnsinnig attraktiver Mann, Berufspilot, in der ganzen Welt unterwegs und ein richtiges Alphamännchen! Aber als Mitglied der Lazarus-Union sehr engagiert für behinderte Menschen! Eines Tages bekam ich eine Nachricht, dass ich mich schleunigst unter einem gewissen Link anmelden sollte, um einmal mit ihm fliegen zu können. Und so kam es, dass ich im Juni 2017 meinen allerersten Hubschrauberflug mit Klaus absolvierte. Es war so genial, ich so aufgeregt vorher mit einem mächtigen Kribbeln im Bauch! Da Klaus bei dem Behindertenflugtag den großen Hubschrauber flog, konnte ich drei Personen mitnehmen (meine Jungs und meine Mama waren hier meine Begleiter und genossen den Flug ebenso). Nachdem wir die Sicherheitskontrollen passiert hatten und ich Hilfe beim Einsteigen bekam, saß ich zum ersten Mal in einem Hubschrauber, direkt vorne neben Klaus und da war die Vorfreude riesig! Erstmal ging es langsam in die Luft. Bald kam dann die erste Kurve, die mir einen kurzen Quietscher entlockte, Daraufhin flog Klaus absichtlich viele Kurven und brachte mich immer wieder zum Quietschen - sehr zu seinem und dem Vergnügen meiner Jungs! Als er plötzlich meinte: "So Suserl, jetzt fliegst du" war ich derart überrascht, dass ich voll im Reflex nach dem Steuerhebel griff und nur mal versuchte das Ding möglichst nicht ruckartig zu bewegen. Als wir dann die Burg Kreuzenstein von oben betrachten konnten und ich dabei steuern durfte, war das schon ein ganz besonderes Gefühl! Vielen Dank für dieses einzigartige Erlebnis Klaus!

> **„Die Welt ist so groß und ich will sie mir gut ansehen, bevor es für immer dunkel wird."**

Und zu guter Letzt – das beste kommt immer am Schluss - nicht wahr? ... war da mein

<u>Viktor</u>!

zu ihm später mehr ... viel mehr ... 😊

4. Das Wohlfühlnest

Im Oktober 2017 war es dann endlich soweit! Der Moment, für den ich so lange so hart in der Ergotherapie trainiert hatte all die Monate. Jeder der schon mal eine Gipshand hatte, wird wissen, was ich meine. Ich musste lernen das Anziehen, Kochen, Wäsche waschen und aufhängen einhändig zu bewältigen. Besonders herausfordernd war dabei das BH und Socken anziehen. Aber dann konnte ich endlich in meine kleine Wohnung in der Ortschaft, die ich während meiner Ehe so lieb gewonnen hatte, einziehen, mir wieder ein kleines Wohlfühlnest schaffen, es mir so einrichten, dass ich weitestgehend selbständig leben konnte. Das war so ein Mega-Gefühl! Endlich nach der langen Zeit wieder selbstbestimmt leben können. (Mir selbst was Einfaches kochen, alle meine Sachen bei mir haben und selbständig und ohne Hilfe duschen und aufs Klo gehen zu können - das war ein Gefühl wie Weihnachten, Ostern, Geburtstag - alles zusammen! Ich war endlich zurück im Dorf, endlich wieder in der Nähe meiner Jungs! Nur ca. drei Gehminuten waren sie nun von mir entfernt, konnten jederzeit allein zu mir kommen, wenn sie das wollten - das war mir das Wichtigste! Noch weiter für sie da sein. Ich glaube eine Mama will immer für ihre Kinder da sein, egal wie, und zwar solange sie lebt. Ich war definitiv eine andere als früher, als ich 100% gesund war aber die Liebe zu meinen Jungs war immer noch unverändert vorhanden! Leider lehnten sie mich eine Zeitlang bedingt durch Pubertät und andere Einflüsse ab und raubten mir dadurch noch weitere wertvolle Zeit mit ihnen. Das machte mich oft traurig aber die Liebe zu ihnen fasst immer noch 100%. Da war es oft ein Trost unseren Familienhund Timmy fünf Tage in der Woche bei mir zu haben. Mit der Hilfe meiner Ergotherapeutin Daniela H. und meiner Freundin Riki K. (die weltbeste Hundetrainerin aus Würnitz) schaffte ich es sehr schnell zweimal pro Tag eine Gassirunde mit Timmy mit dem E-Rolli zu absolvieren und ihn dabei richtig gut auszulasten. Mit halben Sachen gebe ich mich nicht gern zufrieden. Wenn ich was mache, dann gscheit! Vielleicht ist es auch genau das, was mich täglich bis zu 1,5 Stunden Training antreibt mit dem Ziel es wieder aus dem Rollstuhl raus zu schaffen! Auch **meine beiden weltallerbesten Therapeutinnen**

Daniela H und Ellen S. begleiten mich noch immer einmal pro Woche und fordern mich immer wieder neu. ... Vielen Dank euch beiden! Ein weiteres Dankeschön geht hier an **meine beiden weltallerbesten Nachbarinnen:**

Claudia D, die immer bei technischen Fragen zur Stelle ist, mir die Heizung programmiert hat, ihren Scanner immer für mich arbeiten lässt und

Erika W., die mich stets mit dem Nötigsten an Lebensmitteln versorgt. ... Vielen Dank euch beiden für eure Hilfe und euer stets offenes Ohr! So lässt es sich in meinem kleinen Wohlfühlnest sehr gut und weitgehend selbständig leben, was einfach enorm guttut und mir immer neuen Auftrieb gibt!

„Wünsche dir nicht, dass es einfacher wäre, wünsche dir, dass du besser darin bist."

5. Die Tagtraumkunst erlernen

Wie bereits erwähnt hatte ich im September 2016 zum ersten Mal in meinem Leben Hypnose kennengelernt, und zwar am eigenen Leib und so innerhalb von sechs Monaten 30 Kilo abgenommen. Es war unglaublich da ich keinen Sport mehr machen konnte, den ganzen Tag im Rollstuhl saß! Das Ganze faszinierte mich derart, dass in meinem Kopf eine Idee heranreifte. Diese Faszination gepaart mit der mir angeborenen Neugier ließ in mir nämlich den Wunsch diese Hypnose auch zu können immer größer werden. Anderen Menschen auch dabei helfen zu können besser abzunehmen, mit dem Rauchen aufzuhören, bei einer Rückführung mehr über sich selbst herauszufinden oder einfach mal in einer Tiefenentspannung Erholung zu finden und wieder Kraft zu tanken - dieser Gedanke ließ mich nicht mehr los! Und so begann ich im Internet nach einer guten Ausbildung zu suchen, die auch für mich im Rollstuhl funktionieren würde und ich fand ein großartiges Ausbildungszentrum in Linz: die HILL HYPNOSEN geleitet von Psychologe Mag. Thomas Hill. Nach einem Kurzbesuch dorthin mit meiner Freundin Eva P. und nachdem wir Thomas kennenlernen konnten, stand mein Entschluss fest. Dort will ich Hypnose lernen. Leider war die Praxis dort dann baulich doch derart schwierig für mich, dass ich erstmal das Stiegen steigen verbessern musste, was meine Geduld auf eine große Probe stellte. Mit der Geduld habe ich es irgendwie nicht so. Zum Jahreswechsel 2017/18 bereitete mir dann jedoch Thomas eine wunderschöne Überraschung: seine Frau Elisabeth und er hatten beschlossen einfach zu mir zu kommen und mich bei mir zuhause auszubilden, da ich nicht zu ihnen kommen konnte! Dieser Vorschlag war wie ein Traum. In der Praxis sah das so aus, dass sie einfach für alle Kurstage zu mir fuhren, ich hatte immer zwei Freunde, Nachbarn oder Bekannte pro Kurstag eingeladen und wir machten immer die Hälfte der Zeit Theorie und dann machte ich direkt Hypnose bei den beiden mutigen Versuchskaninchen. Mit Thomas neben mir überwand ich meine Hemmungen und traute mir nach und nach mehr zu und nachdem ich direkt von der ersten Hypnose an erfolgreich war, wuchs mein Selbstbewusstsein zunehmend. Ich praktizierte also „learning by doing", machte bei meiner Mama Hypnose gegen ihre rheumatischen Schmerzen und bei meiner Tante Hypnose gegen das lästige Tinitusgeräusch im Ohr. Es faszinierte mich total, wobei man überall mit Hypnose helfen kann; und das tut es bis heute! Nun kann ich all meinen Familienmitgliedern und Freunden, die in meiner schwersten und dunkelsten Zeit für mich da waren, etwas zurückgeben - ihnen Gutes tun - und das erfüllt mich mit großer Freude! Nebenbei zog ich aus dieser Ausbildung einen enormen Nutzen für mich selbst, da ich auch die Kunst der Selbsthypnose erlernte. Diese unterstützt mich bis heute unglaublich mental auf meinem Weg zurück in ein Leben ohne Rollstuhl! Ich möchte hier aber noch ausdrücklich darauf hinweisen, dass die Hypnose, die ich gelernt habe keine Psychotherapie ist; es sich dabei auch um keine andere Therapie handelt und eine solche auch auf keinen Fall ersetzen kann!

Lieber Thomas! Liebe Elisabeth! Ich bin so unendlich glücklich euch beide kennengelernt und nun als Freunde in meinem Leben zu haben! Danke für alles!

„Tu was du kannst mit dem was du an Ressourcen hast - dort wo du bist."

6. Ein Traum wird wahr

Bereits seit meiner Kindheit verfolgt mich ein bestimmter Wunschtraum: "**Der Wunsch einmal im Leben mit einem Delfin zu schwimmen**".

Ich konnte gar nicht mehr sagen, wann genau sich dieser Wunsch in mir manifestiert hatte, er war einfach immer da. Ich liebe das Meer, schnorchel für mein Leben gern, wollte immer schon einen Tauchkurs machen ... kurzum im Element Wasser fühl ich mich am Wohlsten! So fand also dieser Wunschtraum selbstverständlich Platz auf meiner Zielcollage, die ich nach der Gehirnblutung gemacht habe bei all den Dingen, die ich noch unbedingt tun bzw. erleben will. Dafür trainiere ich seit damals einmal pro Woche beim Schwimmtraining das Schwimmen mit nur halbem Körper (ohne linke Körperhälfte). In meiner Hypnoseausbildung haben wir dann bei einer Rückführung den Ursprung dieses Wunschtraumes in meiner Kindheit gefunden. Im Dezember 2018 sollte ich dann völlig unerwartet von Freunden Hilfe bei der Realisierung meines großen Traumes bekommen! Ich bekam als Weihnachtsgeschenk Geld gespendet. Und zwar so viel Geld, dass ich eine Woche in die Türkei fliegen und dort im Dolphinswim Antalya fünf Delfintherapieeinheiten absolvieren konnte! Es war einfach unglaublich, ein wunderschönes Glücksgefühl - besonders als ich im Jänner 2019 die Therapie tatsächlich buchte. Es dauerte zwar noch ein paar Monate aber im August 2019 war es dann soweit: eine völlig aufgeregte Susanne fuhr mit ihrer Mama und Tante zum Flughafen Wien. Mit auf dieses Abenteuer reisten noch meine Freundin Alex M. samt Tochter Judith und ein Reha-Bekannter aus Enns: Ernst (Craniosacraltherapeut) samt Ehefrau Heidi (Hippotherapeutin), die alle aus unterschiedlichen Gründen meganeugierig auf die Therapie waren und sie miterleben wollten. Nach ein paar Stunden schon bezogen wir unsere Zimmer in einem tollen All Inclusive Hotel in Antalya. Alles funktionierte reibungslos, mein Rollstuhl war überhaupt kein Problem beim Fliegen, was ich echt befürchtet hatte. Im Gegenteil, da und dort wurden wir sogar bevorzugt behandelt. Und dann war er da, der Morgen, an dem ich die erste Delfintherapie haben sollte, mit dem Taxi ging es nach dem Frühstück ins Dolphinswim, wo wir wahnsinnig lieb von einem tollen Team begrüßt wurden! Zunächst verschafften sie sich einen Überblick über meine Halbseitenlähmung und ich wurde in einen Taucheranzug und eine Schwimmweste gesteckt. 😊 Dies war aufgrund der doch niedrigen Wassertemperatur und zur Sicherheit nötig und dann ging es mit dem Rollstuhl an den Rand des Pools ... mein Therapeut Ferdi und der Cheftrainer Saulus hoben mich dann einfach aus dem Rollstuhl und ließen mich langsam in den Pool gleiten. Und so wie ich gebaut bin, müssen die beiden echt Bärenkräfte haben ... Ferdi kam sofort zu mir und plötzlich war er da .... Mein Therapie-Delfin Mobik, mein Traum ... was für ein Moment, was für ein Gefühl diese ledrige, faltige Haut das erste Mal zu streicheln. Ich sollte mich zu meiner großen Verwunderung gleich mal auf den Rücken legen und merkte an meiner gesunden rechten Seite, dass Mobik um mich herumschwamm und mich immer wieder zart mit seiner Nase anstubste. Ich fragte Saulus, den Cheftrainer was Mobik da macht und er antwortete: "A SCAN. He is scanning your body Susi! And than he is healing you!" Es war einfach unglaublich, denn schon bald schwamm Mobik der Länge nach an meine linke Seite und kuschelte sich in voller Länge an mich dran, um anzuzeigen, dass meine linke Körperhälfte nicht gesund ist! Ich war nur mehr baff, völlig überwältigt von diesem Tier, das eine derartige Sensibilität in sich trug, diesem Moment, diesem Gefühl und dem Traum, der sich in diesem Moment erfüllte. Die Therapieeinheiten waren so aufgebaut, dass ich zunächst immer ein paar Schritte zum Beckenrand gehen und dann im Wasser mit der betroffenen linken Hand Mobik streicheln sollte. Mobik lag zwischen mir und meinem Therapeuten ruhig im Wasser und nun musste ich meinen Arm über Mobik drüber strecken, dort einen Ring greifen und wieder zu meinem Bauch ziehen. Danach den Ring wieder hinüberreichen usw. diese Übungen waren megaanstrengend für meinen linken Arm, funktionierten aber im Laufe der fünf Therapieeinheiten immer besser. Zum Abschluss der Stunde als Belohnung durfte ich mich von Mobik eine große Runde durch den ganzen Pool ziehen lassen. Zunächst hatte ich gar nicht die Kraft mich festzuhalten, da die linke Hand ständig abrutschte. So nahm mich mein Therapeut zusätzlich unter dem Arm und ich hielt mich mit meiner rechten gesunden Hand fest so gut ich konnte. Es war überraschend mit welcher Kraft und Leichtigkeit Mobik uns zwei erwachsenen Menschen diese Strecke zog! Es machte solchen Spaß und ich glaube ich juchzte vergnügt wie ein Kind! Danach hieß es wieder raus aus dem Wasser und Platz machen für den nächsten Patienten und zur Nachbehandlung zur Klangschalen- oder Alphatherapie ... während mir die Klangschalen durchaus ein Begriff waren, sagte mir die Alphatherapie zunächst gar nix. Neugierig wie ich nun mal bin fragte ich den Leiter des „Dolphinswim Antalya", den lieben Burhan danach aus. Zunächst sagte er nur: "Susanna lass dich überraschen." Ich wurde auf eine speziell geformte Liege gelegt, gut zugedeckt, das Licht wurde ausgemacht und dann erklangen ganz seltsame Geräusche ... (mal ein Brummen oder Summen, dann wieder fast menschliche Laute ...) ich triftete mit meinen Gedanken völlig ab - zurück in die Vergangenheit, direkt nach der Gehirnblutung als ich aus dem Koma erwachte und von dem Moment an lief mein Leben, mein Weg zurück ins Leben wie ein Film vor einem inneren Auge ab und mir wurde bewusst was ich eigentlich schon alles geschafft, ja erreicht hatte. Ich spürte eine Welle des Stolzes in mir aufsteigen. Ja, ich war das erste Mal seit dem 8.8.2014 wieder stolz auf mich, weil ich nicht aufgegeben, sondern gekämpft hatte! Irgendwie nahm ich aus dieser Alphatherapie eine neue innere Stärke, eine mentale Kraft mit. Burhan fragte mich ein paar Tage später wie es denn war und ich erzählte ihm meine Eindrücke. Da erklärte er mir dann auch folgendes: "Alphatherapie heißt wir versetzen den Patienten zurück in ein Stadium der absoluten Sicherheit und Entspannung - zurück in den Mutterleib, den ultimativen sichersten Platz für einen Menschen. Die seltsamen Geräusche sind Geräusche, die ein Baby im Mutterleib hört. Und in diesem Zustand kann der Geist zurückkehren zu einem bestimmten Erlebnis und ein Trauma aufarbeiten, mit diesem Sicherheitsgefühl einen anderen Blickwinkel bekommen, das Erlebte mit anderen Augen sehen und besser verarbeiten. Es war sensationell was diese Alphatherapie zusammen mit der Erfüllung meines großen Kindheitstraumes in mir auslösten, bewegten, in Gang setzten. ... Ich nahm eine unglaubliche mentale Stärke aus Antalya mit nach Hause, ebenso wie einen viel kräftigeren linken Arm und eine Hand, die plötzlich wieder zur Außenrotation in der Lage war, was zuvor fünf Jahre nicht möglich gewesen war. Ich kann nur Dankeschön sagen an alle, die mit ihrer Spende diese Therapie für mich möglich gemacht haben, allen voran Monika B., Johann B. und Ernst B., an das großartige Team vom Dolphinswim Antalya und an alle, die mich begleitet und meinen Traum mit mir erlebt haben!

Ich werde eifrig sparen. Vielleicht ist es mir möglich noch einmal wieder zu kommen und dich, mein lieber Mobik, noch einmal zu besuchen. ...

Du hast mir so viel gegeben Mobik!

VIELEN LIEBEN DANK MOBIK!!!

<u>Dieser letzte Fisch gehört dir! Und ich gebe ihn dir mit meiner linken Hand!</u>

> „Du bist nie zu alt um einen Traum zu träumen".

7. Der Traumprinz und sein Diamant

Seit dem Erwachen aus dem Koma und dem Tag als ich endlich nach Hause durfte und merkte, dass ich dort nicht mehr willkommen war, träumte ich von meinem Traumprinzen - von dem Mann, der wohl als einziger in der Lage wäre zu erkennen was für eine tolle Frau das noch immer ist, die da im Rollstuhl sitzt ... was diese Frau trotz ihrer Behinderung noch alles zu bieten hat und wie diese Frau Tag für Tag unermüdlich kämpft um wieder aus dem Rollstuhl zu kommen und all ihre Träume wahr machen zu können. ... Ich malte mir diesen Traumprinzen optisch groß und kräftig aus, mit Bart weil ich das so attraktiv finde bei Männern und mit einem Herz voller Zuneigung und Liebe für mich. Ich wünschte mir nichts mehr als Zuneigung, Herzenswärme, mal wieder gehalten zu werden und Geborgenheit! Ja, mich wieder mal in einer Umarmung geborgen fühlen dürfen, das wäre das größte Glück! Doch wie sollte ich jemanden kennenlernen? Ich war allein nicht mehr mobil. Ich suchte im WWW aufgrund von Geldmangel nach einem kostenlosen Partnerportal, wurde fündig und war schwuppdiwupp angemeldet und erstellte ein Suchprofil. Ab da bekam ich immer Benachrichtigungen sobald sich ein Mann, der meine Suchkriterien (Alter zwischen 40 und 50, Größe ab 180 cm und Wohnort Wien oder NÖ) erfüllte, anmeldete. ... Ich bekam fast jeden Tag 2-3 Vorschläge, schrieb einige Kandidaten an, doch sobald sich das „Gespräch" vertiefte, stellten diese sich meist als Nieten heraus ... bis zum 16.4.2019 ... da war er plötzlich ... dieser Profiltext ...

"ich suche keinen ONS, keine Freundschaft plus, ich suche die einzige wahre Liebe, die ich in meinem Leben bis jetzt noch nicht gefunden habe." ... Dieser Text berührte mein Herz und ich konnte gar nicht anders als diesen Mann anzuschreiben ... und fiel - typisch ich - sofort mit der Tür ins Haus und erzählte vom Aneurysma, dem Rollstuhl, der Scheidung, meinem Traum vom Traumprinzen ... das wiederum berührte etwas in seinem Herzen, wie er mir später mal erzählte ... und so schrieben wir und schrieben und schrieben - neugierig auf den anderen - gleich ein paar Stunden, tauschten dann noch unsere Handynummern um uns nur ja nicht mehr zu verlieren, wechselten vom Chat zu WhatsApp und konnten dann nicht wiederstehen und kamen spätnachts noch dem gegenseitigen Wunsch nach den anderen einmal wenigstens kurz zu hören und telefonierten vorm Schlafengehen noch miteinander. ☺ Es war total verrückt, wir waren derart fasziniert voneinander, der Blitz hatte eingeschlagen! Bereits drei Tage später kam mein Traumprinz, mein Viktor zu mir ins Bad, wo ich mein Schwimmtraining machte, um mich einmal live kennenzulernen ... meine Güte was war ich nervös! Dieses erste Treffen war echt skurril, hatte er doch seinen jüngeren Sohn mit dabei und ich meine Mama ☺ so saßen wir also zu viert beim Mittagessen, plauderten angeregt und konnten uns mal live abchecken. ... Mir gefiel sehr was ich sah, hörte und was ich in meiner Herzgegend fühlte. ... Ihm gefiel es offenbar auch, denn er brachte mich später vom Restaurant allein runter in die Garderobe, wo ich direkt meinen ersten Kuss von ihm bekam! Meine Güte konnte dieser Mann küssen ... ich schmolz regelrecht dahin in seiner Umarmung. ... Ein paar Tage später lud ich ihn zu mir ein, ich wollte, dass er direkt sehen konnte, wie ich wohne, zurechtkomme, wo ich Hilfe brauche und er musste ja noch den Hundetest bestehen … mein Labrador Timmy musste noch sein OK zu diesem Mann geben und das tat er. Und wie!!! Ab diesem Tag sahen wir uns regelmäßig, lernten uns kennen und immer mehr lieben … und seither haben wir schon so viel zusammen erlebt, vieles unternommen, sogar schon unseren ersten Jahrestag gefeiert, die Corona-Krise miteinander durchgestanden und immer noch wächst unsere Liebe füreinander stetig. … Ich bin mir sicher, dass mein Viktor der letzte Mann in meinem Leben ist. Mein Traumprinz! Er sagt zu mir ich bin sein Diamant, weil ich so wertvoll für ihn bin. Dass ich noch für jemanden wertvoll sein kann, hätte ich nicht gedacht! … Ich werde alles versuchen um diese Liebe zu erhalten und sie wertzuschätzen, solange mein Traumprinz bei mir sein will. Ich liebe dich Viktor bis zum Mond und wieder zurück und freue mich mega auf unsere gemeinsame Zukunft und alles was ich mit dir noch erleben darf! Als nächstes löse ich mein Geburtstagsgeschenk, das ich von dir bekommen habe, ein - die Ausfahrt mit der Nostalgie-Beiwagenmaschine, damit ich mit dir Motorradfahren gehen kann.…

> „Suche dir den einen Menschen, dessen Nähe sich wie warme Sonnenstrahlen anfühlt."

Dankeschön Viktor!

8. Schlusswort

Liebe Leserin! Lieber Leser! Zum Abschluss möchte ich erst noch Dankeschön sagen an die liebe

Margit L. aus dem Nachbarort, die mir zu einer guten Freundin geworden ist, mit mir einkaufen gefahren ist, wenn es nötig war, mich oft besucht hat und mir stets ein offenes Ohr geschenkt hat ... und an

Riki K. meine langjährige Freundin und die weltallerbeste Hundetrainerin (Hundecoach Riki Klade) für meinen Timmy. ... Wir haben so viel Zeit miteinander verbracht, hatten endlose Gespräche bei unserem Training mit Timmy, du bist mit mir immer durch alle Höhen und Tiefen gegangen und das tust du heute noch. ... Danke, dass du in meinem Leben bist!

Caro Sch. du hast mir immer wieder div. Sachen und auch tolle Verpflegung von deinem Geschäft mitgebracht, wir hatten großartige Gespräche, wenn wir mit unseren Hunden unterwegs waren und ich hoffe sehr, dass das auch in Zukunft so bleiben wird.

Außerdem möchte ich euch noch gerne erklären, warum ich dieses Büchlein geschrieben habe, meine Geschichte mit euch geteilt. ... Als ich damals nach dem Koma wieder zuhause war habe ich wie eine Verrückte nach Büchern gesucht von Menschen, die ein Aneurysma überlebt haben. Ich wollte wissen, wie es diesen Menschen ergangen ist, wie sie es angestellt haben wieder ins Leben zurück zu kommen. Ich habe nichts gefunden! Die Enttäuschung war damals sehr groß, denn ich hatte so sehr gehofft, etwas Mutmachendes zu finden. Da konnte ich gar nicht anders und begann, meine Geschichte zu erzählen - ich war damals schon überzeugt, dass alles gut werden würde, obwohl ich eigentlich im größten Tief meines Lebens steckte - aber das konnte doch einfach noch nicht alles gewesen sein. Und zum Glück habe ich gekämpft, sonst hätte ich all diese wunderbaren Dinge, von denen ich euch hier im zweiten Teil erzählt habe, nie erlebt! Und das wäre doch echt schade gewesen, da hätte ich ganz schön was verpasst!

Man darf einfach nie aufgeben, denn am Ende wird alles gut ... und wenn es noch nicht gut ist, dann ist es noch nicht das Ende - so sagt es mein Lieblingsspruch. ...

Wenn die Hölle, durch die ich insgesamt gegangen bin, dazu beiträgt auch nur einem anderen Menschen Mut zu machen nach einem Schicksalsschlag, nicht aufzugeben, dann hatte meine „Scheiße" wenigstens echt einen Sinn! Drum liebe Leser hab ich zum Abschluss eine große Bitte an euch: "Bitte helft mir meine Geschichte dorthin zu bringen, wo sie benötigt wird - zu Menschen, die nach einem Aneurysma, einem Schlaganfall, einem Schicksalsschlag echt verzweifelt und im Begriff sind ihren Mut zu verlieren ... erzählt ihnen bitte von meiner Geschichte, meinem Weg zurück ins Leben ... ich bin nach wie vor immer wieder auf den Rollstuhl angewiesen, aber ich kann immer besser kleine Strecken wieder gehen, sodass ich z.B. von meiner Wohnung zu unserem Auto gehen kann, wir zu Freunden fahren und ich dort wiederum ins Haus gehen kann mithilfe einer Krücke oder meines Traumprinzen. Somit stellt meine Behinderung für meinen Viktor und mich kein großes Problem mehr dar. Das Verhältnis zu meinen Söhnen hat sich trotz aller Widrigkeiten wieder verbessert, was nicht zuletzt meinem Viktor zu verdanken ist und ich genieße jede der wenigen Minuten mit ihnen in vollen Zügen! Fabian, Mathias, ihr seid die weltallerbesten, tollsten Kinder auf der Welt und ich liebe euch mehr als mein Leben! Stück für Stück habe ich mich ins Leben zurückgekämpft und jedes Highlight auf meinem Weg hat mir neue Motivation geschenkt weiterzugehen auf meinem Weg und mir das nächste Stück Lebensqualität zurückzuholen. Ich habe durch das größte Tief in meinem Leben meine große Liebe gefunden - wer hätte das gedacht? Mir geht es wieder sehr gut, denn ich bin aus tiefstem Herzen zufrieden mit meinem Leben!

In diesem Sinne: aufgeben tut man nur einen Brief - sonst gar nix! Ich wünsche euch alles, alles Gute für eine gesunde Zukunft ... solltet ihr mir Schreiben, Feedback geben oder meine Geschichte weiter verfolgen wollen, tut dies bitte auf bzw. über den Kontakt auf meinem Blog: www.ideenkistl.blogspot.co.at eure Susanne Safer

> „Irgendwann kommt der Zeitpunkt an dem du merkst, dass es sich gelohnt hat nicht aufzugeben und zu kämpfen."

Zeitfracht Medien GmbH
Ferdinand-Jühlke-Straße 7
99095 Erfurt, Deutschland
produktsicherheit@kolibri360.de